이번 생에는 책을 읽기로 하고

다음 생에는 연애를 합시다.

_____님의 더 멋진 생을 기원합니다.

사적인사과지적인수박

연애는 다음 생에

뜨거운 연애도 차갑게 바라보는, 냉장 에세이

제1판 0쇄 2022년 06월 (10부) 책다시북마켓 참가

제1판 1쇄 2022년 07월 (400부)

제1판 2쇄 2022년 11월 (200부)

제1판 3쇄 2023년 09월 (200부)

지 은 이 mopo

디 자 인 이태원댄싱머신

펴 낸 곳 사적인사과지적인수박

등 록 번 호 제25100-2018-000040호

등 록 우 편 hello@watermelonbook.com

S N S instagram @watermelonbookdance

I S B N 979-11-976691-3-2

판　　　형 113 * 188 * 6.6 mm

쪽　　　수 134쪽

내　　　지 미색모조 80g

표　　　지 반누보 227g (코팅안함)

작가의 말

mopo

몇 년 전
솔로 생활이 길어져서 연애를 혐오하는 글을 썼습니다.
연애가 힘든 구조적 문제점을 성토하며 열심히 글을 써 내려갔습니다.
원제는 '섹스는 다음 생에'였습니다. 농담입니다.
아무튼, 작은 간이 출판물로 수제작을 한 후 잠시 묵혔습니다.

그로부터 몇 년 후, 다시금 책을 만들 상황이 되어서 원고를 꺼내보았습니다.
치기 어린 문장들과 날이 서린 생각들이 가득 찼다는 걸 뒤늦게 눈치챘습니다.
이때는 연애하고 있었습니다.
덕분에 조금 더 진정된 마음과 차가운 머리로 원고를 많이 수정할 수 있었습니다.

그리고 작은 책을 만들었지요. 그리고 그 책을 들고 북페어를 참여하였습니다.
그곳에 함께 참여하신 지금의 편집자님께서 저의 책을 읽어보셨고, 다행히 저의 글 재롱에 속아주셔서 출판 제의를 해주셨습니다.
너무 감사한 마음으로 책을 낼 기회가 생겼습니다.

그리고 최근에 이별했습니다.
'연애는 다음 생에'는 옳습니다.

Q.E.D.

출판사의 말

사적인사과지적인수박

작은 핸드백에 쏘옥 들어가지 않으면 책이 아니다. 벽돌이다.

위 문장을 출판사의 모토로 삼고 있다. 책은 작고 얇아야 한다.

우연히 만난 글이 마음에 쏙 들었다. 완전 우리 취향이다. 아직 다른 출판사에는 발견되지 않은 상태였다. 마침 작고 얇은 책으로 만들 수 있는 분량이었다. 게다가 작가도 착해보인다. 그래도 유명해지면 우리 제안을 거절할 수 있다. 마음이 급하다. 작가가 더 잘 나가기 전에 이리저리 구슬려서 우리가 출판하겠다고 마음 먹고 계획적으로 접근했다.

해냈다.

차례

Prologue. 연애는 다음 생에 14

Chapter 1. 내 사랑은 암흑 물질로 이루어져 22

Chapter 2. 연애 오답 노트 32

Chapter 3. 당신은 필연적 연애고자 46

Chapter 4. 꽃은 식물의 생식기다 66

Chapter 5. 자본주의 연애관 84

Epilogue. 이번 생의 연애는 102

Prologue
연애는 다음생에

연애는 그냥 다음 생에 하는 거로 하자. 연애가 고파서 목매는 이들도, 연애에 관한 수많은 고민 상담을 보는 것도 이제는 진절머리가 난다. 횟수나 깊이의 문제를 떠나, 그 본질에 대한 회의감이 결정적인 원인이다. 그렇다면 연애에 관한 피로도가 이토록 높은 이유는 무엇일까.

우리는 연애에 수많은 것들을 결부시킨다. 사랑이라는 감정 상태부터 나아가 결혼이라는 제도까지 연결한다. 사랑해서 연애를 원하고 연애가 길어지며 결혼을 생각한다. 지극히 평범한 이 클리셰를 따르는 것이 보편적인 정답이라는 착각으로부터 출발한다. 물론 자연스러운 흐름처럼 보이기는 한다. 하지만 이 전혀 다른 성질의 세 가지를 하나로 여기는 것에서부터 문제가 시작된다. 연애는 궁극적으로 사랑과 분리되고 결혼과도 분리된다. 모든 것은 유기적인 관계이지만 결코 합일은 아니다. 어느 두 가지도 상호 간의 필요조건이 아니고 충분조건도 아니다. 때때로 인과를 이루기도 하지만 순서가 바뀌기도 하니, 그냥 상관관계 정도라고 해야 한다.

연애의 정의를 먼저 내려보자. 그저 주관적으로 내게 아름다운 순간만을 연애라고 미리 단정 지어버린다면 더 이상의 진행은 무의미해지니 '상호 간에 서로를 자신의 연인으로 인정한 사이인 두 사람 사이에서 벌어지는 사건들'이라고 해두면 적당할 듯하다. 다시 정리를 해보자면 1. 서로를 연인임을 인정해야 한다. 2. 그 둘 사이에 벌어지는 '모든' 일들이다(득이섬 배제를 배제한다.).

이렇게 크게 두 가지를 전제해두어야만 글을 읽는 당신과 내가 조금은 더 성실하게 보다 생산적인 이야기를 진행할 수 있다. 왜냐하면, 선택적 취합을 통해 아름답게만 포장한 연애는 진지하게 말할 필요조차 없는 허상이기 때문이다. 연인 사이에서 벌어지는 더럽고 추악한 모든 면모를 연애 일부로 인정할 때에야 비로소 우리는 어느 한 단면만이 아닌 그것의 본질에 다가갈 수 있다. 주사위의 눈금 6이 가장 좋다고 해서 항상 6을 맨 위로 두고 싶겠지만, 통통 튀는 두 사람 사이 사건은 언제나 주사위 굴림의 독립시행이고 6이 윗면으로 나올 확률은 1/6에 지나지 않으며 1이나 2가 나오는 것도 당신이 굴린 주사위의 눈금 값임을 인정해야만 한다. 마음에 들지 않는 눈금 값을 보정 해버리는 왜곡적인 수용방식과 있는 그대로의 눈금을 그대로 받아들이는 마음가짐 사이를 오가며 연애의 고충을 털어놓는 사람들을 보면서, 나는 후자의 입장만을 강력히 지지하고 그에 관한 이야기들을 펼쳐보고자 한다.

연인 사이에서 벌어지는 더럽고 추악한 모든 면모를 연애 일부로 인정할 때에야 비로소 우리는 어느 한 단면만이 아닌 그것의 본질에 다가갈 수 있다.

*본 글에서는 통계나 조사 자료를 첨부하지 않습니다. 다수의 상황을 대변하는 연애에 관한 통계자료를 보고 '나는 안 그래'라는 특이점 선언 앞에 무의미해질 수 있고, 반대로 '나도 그래'라는 수동적인 연애관을 가진 사람은 원래 그런 게 연애라고 받아들일 것이기에 더 이상의 논의가 불필요한 부분입니다. 사실 통계는 부정확합니다. 자신의 연애에 대해 객관적으로 솔직하게 답변할 수 없기에 통계를 위한 자료 수집 단계의 설문 답변에 일정한 방향성을 띨 가능성이 큽니다. 실제로 자신의 외모를 평가하라고 하면 대부분은 평균 이상이라고 대답합니다. 당신만의 연애를 고민하는 목적에, 통계는 자신의 입맛에 맞는 대로 취사선택할 수 있는 근거일 뿐 당신의 연애를 뒷받침할 지표가 되지 못합니다.

*그리고 저는 아무것도 강요하지 못합니다. 저 혼자 고민하는 과정으로 숱한 주장을 펼치는 글이고 이에 대해 읽으며 긍정하거나 혹은 반박하는 당신 스스로 자신의 연애관을 고민하고 세워나가길 바라는 것이지, 저는 결코 당신의 연애를 책임지지 못합니다. (물론 저와 연애를 하면 무조건 책임집니다.)

Chapter 1
내 사랑은
암흑 물질로
이루어져

연애에 앞서 사랑에 빠지는 순간을 살펴보아야 한다. 왜냐하면, 대부분의 연애는 그 사랑과의 괴리로 인해 힘들기 때문이다. 연애로 이어지지 못할 사랑은 애초에 하지 않길 바라고 연애가 힘들 상대를 사랑하는 일은 없길 바란다. 하지만 사랑은 감정의 하나이다. 불현듯 사고를 당한 것처럼 첫눈에 반할 수도, 혹은 알고 지내던 사이에 상승한 호감도가 일정 수준을 넘어서서 사랑으로 느낄 수도 있다. 이는 결국 어떤 대상에게서 저절로 피어나는 감정이 현상이다. 사랑하겠다는 결정이나 판단을 하는 것이 아니라 받아들여야 할 감정뿐이다. 그래서 그 사랑하는 사람과 계속 함께하고 싶다는 생각이 들고 많은 시간과 경험을 공유하는 것을 연애라는 관계로 발전시키는 것이다.

여기서 사랑과 연애의 차이가 명확히 드러난다. 사랑이란 상대에게서 느껴지는 좋은 감정들이 내 속에서 발현된 것이고, 연애라는 행위는 내 안에 피어나는 감정에 만족하며 이 상태를 지속하기 위해 상대와 시간과 경험을 함께하는 것이다. 여기서 둘의 구별은 분명해진다. 사랑은 나의 내면에서 벌어지는 일이고, 연애는 나의 외부이자 상대와의 사이 공간에서 벌어진다. 서로 간의 영향을 끼치고 있지만 하나의 것으로 결합한 것은 아니다. 가령 배고파서 음식을 먹더라도, 음식이 맛없으면 배고픔만 해결하고 더 먹지 않을 수 있다. 혹은 아무리 많이 먹어도 양이 차지 않아 배고픔이 해결되지 않을 수 있다. 사랑과 연애를 같은 것이나 연장선에 있는 것으로 착각하면 안 된다.

사랑에 빠지는 순간을 조금 더 깊이 들여다보자. 이상형이라는 것이 있다. 나에게 이상적인 형태를 갖춘 상대. 외적 이상형이나 내적 이상형으로 나뉠 수가 있는데 우리는 짧은 시간에선 내적 이상형을 알아가기가 쉽지 않다. 반면 외적 이상형은 아주 쉽게 작동한다. 눈에 보이는 대로 곧장 판단할 수 있다. 대다수가 선호하는 이상형의 형태가 있고, 또 개인적인 취향들이 존재하기도 한다. 분명히 본능적 이끌림이 있다.

우선 진화론으로 접근해보자. 다양한 군상들이 존재했고, 각자의 취향이 있거나 아예 취향이 없을 수 있다. 취향이 없었다면 생식 활동을 하지 않았고 그들의 유전자는 남겨지지 않았을 것이다. 즉, 현재까지 내려온 유전자는 일단 어떤 취향에 이끌린다는 것이다(물론 돌연변이는 늘 발생할 수 있다. 당신의 무성욕을 깎아내릴 생각은 없다). 그런데 그 취향이라는 게 개별적이면서도 동시에 어떤 방향성은 띤다. 그리고 그것은 생존에 유리한 편이다. 생존에 불리한 취향을 가진 유전자는 말 그대로 여태 살아남아 내려오기가 힘들다. 즉, 생존에 유리한 취향이다. 생존에 유리하다는 것은 건강하고, 외부의 위협으로부터 안전하다는 것이다. 좌우대칭의 뚜렷한 이목구비에 대해 아름다움을 상정하는 형태도 많았고, 건강한 육체에 선호도가 높기도 하다. 물론 지구를 지배하고 안전해진 우리에게는 인제 와서 와닿지 않는다. 일정한 방향성보다 다양성이 존중받는 오늘날에 이런 말을 하는 것은 위험할지도 모른다. 하지만 적어도 13만 년 넘게 쌓여온 본능을 단숨에 부정하기는 쉽지 않다.

사족을 붙이자면 본능적 이끌림을 설명하는 것이지, 어떤 그릇된 행동을 본능으로 변호하는 것은 아니다. 인간의 사회화는 본능을 억제하는 방향으로 이어왔고 잘 억제하는 사람을 현인으로 취급하는 문화가 팽배하다. 실제로 이런 본능을 제어하는 사람에 대해서 호감을 느끼는 경우가 많기도 하다. 일단 여기서는 갑자기 사랑에 빠진다는 상황을 설명할 뿐이다.

본능은 1초도 안 돼서 판단한다. 시각 자극에 대한 뇌의 판단은 지나치게 빠르다. 내가 사랑할 상대는 단숨에 알아본다는 것이다. 유전에 기반을 둔 진화의 생물체이기 때문이다. 그러나 동시에 인간은 학습의 동물이다. 경험이라는 값진 학습을 통해 자신의 본능 이후의 이성적 판단들을 덧붙인다. 본능이 이끌려 최선을 다했다가 실패한 경험, 자신이 선택한 상대가 생각과 달랐던 경험, 겉만 보고 판단했던 것과 현실의 괴리 등이 쌓여오면서 조심하기 시작한다. 이런 경험들이 반복된다면 사랑에 쉽게 빠지지 못하게 되기도 한다.

하지만 인간의 본능에는 '호기심'이라는 것도 있다. 같은 실수를 반복하는 이유이기도 하고 새로운 도전을 앞장서는 이유이기도 하다. 이미 경험해 본 실패와 유사한 상대를 만나도 '이번엔 다르겠지' 하며 다시금 사랑하기도 하고, 고의로 지난번 사랑과 정반대의 형태를 찾아서 만나보기도 한다. 마치 실험을 진행하듯, 반복 시행을 한다거나 혹은 케이스 스터디를 하는 것 마냥 사랑은 어떤 식으로든 지속한다. 왜냐하면, 사랑할 때 가장 행복하기 때문이다. 궁극적으로 행복을 추구하는 인간으로서 사랑은 결코 피할 수가 없는 감정이다.

사랑이 지나가고 나서 과거를 복기하며 갖다 붙인 해석들도 다음번의 사랑에서는 번복될 뿐이다.

이 드넓은 우주를 이루려면 암흑 물질은 분명 존재해야 하지만 아직 관찰되지 않았다. 암흑 물질은 인류가 추정한 우주의 총량과 실제 관측된 물질의 총량에 차이가 있어서, 관측하지 못했지만 존재할 것으로 추정 중인 물질을 일컫는 말이다(부정확한 설명이지만 설명하기도, 이해하기도 어려우므로 그저 있어야 할 것을 아직 찾지 못했다고 보면 된다). 사실 사랑도 그 성질이 유사하다. 분명 느끼며 존재하지만 궁극적으로 나 자신의 사랑이 어떤 형태인지 제대로 파악하지 못하고 있다. 나의 사랑은 대체 무엇인지 모른 채 '이끌림'이라는 모호한 감정과 '반했다'라는 상태에 기대고 있다. 그래서 사랑에 빠지는 순간은 숱하게 존재하지만 대체 왜 사랑에 빠졌는지, 그 사랑의 형태는 무엇인지 설명할 수가 없다. 사랑이 지나가고 나서 과거를 복기하며 갖다 붙인 해석들도 다음번의 사랑에서는 번복될 뿐이다. 우리 생애를 다 지나고 나서도 사랑이 뭔지 알 수 없을 듯하다.

Chapter 2
연애 오답 노트

앞서 사랑을 연애와 분리하여 사랑에 빠지는 상황에 대해 살펴보았다. 그렇다면 이제 그렇게 시작된 사랑이 연애와 얼마나 들어맞지 않는지에 관한 이야기를 할 차례이다.

순간의 감정에 주체못하여 실수로 연애에 다다랐다고 하자. 사랑을 마음껏 느낄 수 있는 상태가 된 셈이다. 앞에서 밝혔듯 사랑이라는 감정은 개인의 내면에서 발현된 것뿐이지만 이제는 본격적으로 두 사람 사이 공간에서 사건들이 발생하게 된다. 연애는 감정으로 하는 것이 아니다.

연애를 해보면 두 사람 사이의 차이를 끊임없이 발견하게 된다. 내가 생각하는 연애에서 지켜야 할 규칙은 상대가 생각 중인 것과 다르다. 그런데 이것이 객관적인 연애학 개론이 존재하여 시비를 가릴 수 있는 것이 아니다. 어떤 차이를 발견해도 그것이 어느 수준까지인지, 어떤 부분의 무엇에 해당하는지는 각자가 살아온 매초 매 순간 경험의 누적에 따라 차이로 존재한다. 나는 이렇다고 생각하는데 상대는 다르게 생각한다. 그런데 상대는 내가 이렇게 생각한 이유조차 모른다. 상대와 다르게 생각하는 근본적인 차이가 무엇인지도 당최 서로 파악할 수가 없다. 끝없는 대화로 그 원인을 분석하려 해도 여태껏 무의식적으로 지나쳐온 모든 삶이 켜켜이 쌓여왔음을 마주할 뿐이다. 그렇다면 이제 한 개인에게 그 연애라는 것이 학습되는 순서를 따라 조금 더 살펴보도록 하자.

우리는 언제나 첫사랑이라는 초기설정값을 지니고 있다. 누군가에게 반하는 경험은 어린 시절에 해보는 일이 흔하다. 지나서 돌이켜보면 과거의 내가 이해되지 않거나, 혹은 여전히 사랑할 것만 같은 상대로 남아 있다. 하지만 그때는 그저 사랑한다는 충동적인 감정에 사로잡혀 어찌할 바를 모른 채 풋풋한 실수들을 반복했었다. 그리고 그 실수 속에서 학습한 경험들은 내 머릿속에서 '사랑에 빠지는 경험'과 접착된 '주의해야 할 사항'이 되어 있다. 그래서 첫사랑이라는 초기설정값은 중요하다. 그때 갖춰진 기억과 경험은 기준이 되어 이후에도 작동한다. 우리는 그것을 대부분 첫사랑 상대가 지닌 객관적인 지표로 착각하지만, 실제론 상대방에게 투영된 나에 관한 채점 노트일 뿐이다. 상대에 관한 정보도 특정 인물에 한정될 뿐이고 그때의 내 모습들도 처음이라 헤맨 연습 수준일 뿐이다. 인간은 본디 자신을 보호하기 위한 방어기제와 자기합리화를 적극적으로 활용한다. 만약 당신의 첫사랑이 꽤 아름다웠다면, 만족스러운 그때의 내 모습을 아름답게 각인하기 위하여 적극적으로 포장하고 상대를 치켜세우며 그때의 나를 저장해

둔다. 심지어 까다롭고 어렵게 다소 높은 초기설정값으로 지정하여 이후의 사랑에 어려운 기준을 세운다. 그리고 이후의 연애 속에서 그 기준값에 미치지 못하는 때에 속상해하고 과거를 그리워한다. 반대로 실패한 첫사랑에 대하여는 상대를 깎아내리거나 나의 부족함을 명문화해 둔다. 누군가 내게 첫사랑을 물었을 때 잘 정리된 실패담을 일목요연하게 말해준다. 이미 철저하게 분석한 나의 실패경험이 더는 가슴 아픈 이야기가 아니다. 이렇게 서로 다른 두 가지 양상이 초기설정값은 어느 쪽이든 이후의 연애에서 필요하다. 하지만 그것은 그저 우연한 단 한 번의 경험에 대해서 지나치게 큰 의미부여를 한 것이다. 단지 처음이라는 이유로 그 값의 실질적 유의미한 정도를 떠나, 한 개인이 내릴 수 있는 유일한 결론이었을 뿐이다.

그래서 이렇게 허술한 기준표를 든 채 다음 연애를 시작해야 한다. 사랑에 빠지던, 어떤 상황에 부닥쳐 연애를 시작해야만 할지라도 말이다. 여기서 가장 큰 문제는, 자기객관화를 갖지 못하는 인간의 한계가 작동한다는 것이다. 백 명이 뜯어말리는 소리를 하는 것보다 자신의 단 한 번 실패가 더욱 큰 결정원인이 되는 것과 같다. 나는 이미 사랑을 경험해 보았고, 나름의 연애관을 세웠다(고 믿어 의심치 않는다). 단 한 번의 어설픈 시도와 경험이 나라는 한 개인의 세상에서는 유일한 전부이니 당연하기도 하다. 이것이 그저 출발점이 되는 예시의 하나로 참고하기보다 내 사랑의 유일한 형태이자 연애관의 기준이 되어 버린 것이다. 지나치게 높은 기준, 혹은 불분명하게 감정적으로 설정해둔 비뚤어진 기준으로 다른 사람을 만나고 비교하게 된다. 하지만 이때의 내 세상은 처음의 경험에만 유일하게 맞춰진 퍼즐이기 때문에, 당연히 새로운 조각들은 어긋나고 맞지 않아 모서리가 닳아가야만 한다. 억지로 끼워 맞추느라 마모되어버린 퍼즐 조각을 붙들고 있다.

첫사랑의 초기설정값으로 다음 사랑이 최종 탈락을 하든, 더 높은 점수를 받으며 초기설정값을 새로이 판올림한다 해도 이 또한 고작 2회차의 일이다. 내 세상에서는 발생한 모든 사랑의 경험을 총집합하여 심사숙고한 결론이지만, 그것은 한낱 두 번의 우연에 가깝다. 그래서 사람들은 많은 상대를 만나보아야 한다고 말한다. 시행횟수가 커지면 그 값이 아주 유의미해지는 것은 분명 맞지만, 개인의 연애경험이 빅데이터 수준에 근접하는 것은 매일 새로운 상대아이 연애를 반복적으로 하지 않는 이상 불가능할 것이다. 즉, 우리는 어설프게도 한없이 부족한 여러 차례의 경험 속에서 내가 할 수 있는 최선을 선택해야만 하는 불합리한 환경에 놓여있다. 차라리 동물처럼 순간순간의 번식에만 집중한다면 손쉬운 문제이지만, 평생에 걸쳐 단 한 명의 완벽한 상대를 찾아야 한다는 숙명을 짊어지고 있으니 거의 매번 오답 노트만 작성할 뿐이다.

그러다 보니 반복되는 연애 속에서 연애는 사랑하는 감정만으로 부족하다고 느낀다. 사랑을 느끼는 건 쉽지만, 그 사랑을 관계로 성사시키고 앞으로 계속 유지하기 위해서는 수많은 조건이 달라붙는다. 사랑이 성사하려면 내가 상대를 사랑하고 상대도 나를 사랑해야 한다. 그리고 그 서로 간의 사랑이 유지되어야 연애라는 관계가 성립한다. 우선 서로 사랑하게 될 확률은 외모가 큰 비중을 차지한다. 첫인상과 긍정적 호감을 사기 위해서 외모는 무시하지 못하는 부분이다. 서로 외모를 마음에 들어야 하는 굉장히 낮은 확률이다. 어쨌든 그 과정을 통과하기 위해 외모를 포기하거나 만족스럽지 않더라도 비중을 낮춰 성사시켰다고 하자. 그 이후에는 외모가 아닌 서로 간의 성격과 행동, 태도 등 수십 년간 각자 쌓아온 것들을 서로 견뎌내야 한다.

이쯤 되면 연애라는 것이 둘 사이의 즐거운 행위인지 서로 다른 것들을 끊임없이 양보하고 타협해가는 것인지 헷갈리기 시작한다. 어떤 사람인지 궁금하여 알아가고 싶어서 만났는데 정말 다르다는 것들을 깨달아가는 과정이다. 연애라는 것이 서로를 행복하게 해주는 시간으로 채워질 그것으로 생각했지만, 결국은 사랑하는 사이를 포기하게 만드는 과정이었다. 몰랐던 상대의 실망스러운 점들을 알아가고 그에 맞추어 내가 성숙해져 가야만 하는 과정이다. 좀 더 이상적인 상대를 찾기 위해 헤어지거나 나의 이상을 현실이라는 밑바닥으로 끌어내리는 방법이 연애의 최종 선택지였다. 만약 너무나 이상적인 상대를 만나서 모든 게 잘 맞고 완벽해서 행복하기만 한 연애를 하고 있다고 생각한다면 세 가지 중 하나이다. 아마 당신은 누구를 만나든 잘 맞춰줄 수 있을 만큼 상대방에 대한 기댓값이 낮아진 바짝 숙성된 인간일 수 있다. 아니면 상대가 맞춰주고 있거나, 혹은 순전히 당신만의 착각.

좀 더 이상적인 상대를 찾기 위해 헤어지거나 나의 이상을 현실이라는 밑바닥으로 끌어내리는 방법이 연애의 최종 선택지였다.

결국, 우리는 고작 몇 번의 경험만으로 내가 상대를 왜 사랑하는지도 정확히 모른 채 앞으로 함께 지내야 할 상대를 골라야 한다. 또한, 내가 궁극적으로 바라는 상대의 조건이 무엇인지 알지 못한 채 헤어지기 전까지는 더는 다른 사람과 연애를 해볼 수 없이 단 한 명과의 연애 상태가 되어야 만다. 사랑에 빠졌다고 하지만 나의 사랑이 대체 무엇인지도 모른 채 그 사랑에 여러 신뢰와 상호 행위를 맹세해야 하는 연애를 하는 것이다.

Chapter 3.
당신은
필연적 연애고자

사랑을 기준으로 연애를 나누면 3가지가 존재한다. 1) 서로 사랑한다. 2) 한쪽이 사랑한다. 3) 서로 사랑하지 않는다. 우선 첫 번째는 얼핏 더할 나위 없이 좋아 보인다. 하지만 사랑이라는 감정은 언제나 가변적이다. 만날 때마다 더 매력적으로 보여서 더 사랑할 수도 있지만 다소 깨는 모습을 보고 덜 사랑하게 될 수 있다. 시간이 흐른다는 것은 수많은 변수가 나타나고 계속 추가된다는 것이고, 변수가 늘어난다는 것은 값이 변동될 가능성이 더욱 커진다는 것이다. 서로 사랑했던 관계는 그대로 유지되기보다 한쪽만 사랑하게 기울거나 양쪽 다 사라지는 쪽으로 흘러갈 것이다. 물론 함께할수록 더 좋은 상대를 만났다고 천생연분에 행복해하는 사람들도 있겠지만, 그들이라면 아마 이런 글을 읽고 있지 않을 것이다. 그리고 나 또한 그들을 축복하리라. 하지만 당신은 아마도 매번 실패했지만, 다음번엔 꼭 1)에 해당하는 상대를 만나고 싶어서 이 글을 읽으며 뭔가 괜한 기대를 하는 것이니, 일단 2)나 3)으로 흘러간다는 것으로 전제하고 진행을 하도록 하자.

우선 2)의 경우가 은근히 많다. 누군가 나를 사랑해주니 고맙기도 하고 그 상대가 굳이 만나지 않아야 할 정도로 나쁘지 않다면 일단 연애를 하기도 한다. 연애하는 동안 나를 사랑해주는 상대에게 느끼는 고마움이나 챙겨주는 것들을 받는 것으로 오는 만족, 즐거움으로 인해 사랑과 유사한 만큼 행복한 상태가 되기도 한다. 사랑보다는 행복에 가까운 형태로 연애를 유지할 수 있다. 사랑하던 쪽은 사랑을 표현하며 즐겁고, 사랑하지 않더라도 사랑을 받는 것으로 즐거우면서 둘은 즐거운 연애를 지속할 수 있다.

하지만 분명한 것은 둘은 동등하지 못하다는 것이고 그 차이는 끊임없이 드러난다. 사랑하는 쪽은 자신을 사랑하지 않는 상대에게 실망하거나 손해 본다는 느낌이 들 수 있다. 그렇지 않더라도 다른 사랑이 나타나거나 사랑 그 자체가 식을 수가 있다. 결코, 등가교환이 되지 않는 관계에서 회의감이 불현듯 드는 것이다. 사랑을 받는 쪽은 미안함 혹은 오만함으로 흘러갈 수 있다. 상대만큼 해줄 수 없는 것이 미안해서 지치거나 자신이 사랑하는 다른 상대가 눈에 들어올 수 있다. 또는 사랑받는 것에만 익숙해져서 당연하다는 듯 상대에게 여러 가지를 요구한다.

물론 한쪽으로 흐르는 사랑에 감응하여 상호의 사랑으로 발전할 수 있다. 얼핏 1)의 상황이 된다. 그러나 사랑하는 방식 자체가 이미 한 방향으로 흐르던 것이 있기에 사람의 관성은 그대로 유지가 되고 서로 사랑하면서도 한쪽은 지치고 한쪽은 갈구하고 있게 된다. 서로 사랑하니 사랑 주던 쪽은 이제 동등하길 바라지만 받던 쪽은 이전처럼 받길 바란다. 주던 이는 지치고 받던 이는 상대가 변했다고 느낀다. 드디어 서로 사랑하는데도 관계의 불균형은 원인이 되어 다시금 불균형을 일으키는 악순환을 반복한다. 이런 비극적인 결말은 우리가 덮어놓고 모른 체하며 지나치고 있지만, 상처를 인정하지 않으면 곪을 뿐이다. 원래부터 기울어진 둘 사이는 평형을 맞춰둔 시소가 작은 바람에도 넘어져 버리듯 무너지고 만다.

서로 사랑하니 사랑 주던 쪽은 이제 동등하길 바라지만 받던 쪽은 이전처럼 받길 바란다. 주던 이는 지치고 받던 이는 상대가 변했다고 느낀다. 드디어 서로 사랑하는데도 관계의 불균형은 원인이 되어 다시금 불균형을 일으키는 악순환을 반복한다.

3)의 경우는 마치 사랑이 없으니 별것 아닌 사이라고 생각할지도 모르겠으나, 생각보다 다양한 모습으로 주변에서 자주 나타난다. 그저 자신의 '연애 상태'를 유지하기 위해 서로를 이용하고 있는 관계, 상호 이익을 위한 합의의 관계일 수 있다. 나는 이를 '각도기 연애'라고 생각한다. 내가 상대와 연애 관계를 유지함으로써 얻을 수 있는 다양한 것들의 각을 재고 최적 각이 된다 싶으니 만나는 것이다.

멋진 상대를 데리고 다니며 나를 표현하고 채우는 방법일 수도 있다. 내게 부족한 것들을 상대를 통해 채우려고 할 수도 있다.

서로 철저한 이익공유가 이루어진다. 멋진 상대를 데리고 다니며 나를 표현하고 채우는 방법일 수도 있다. 내게 부족한 것들을 상대를 통해 채우려고 할 수도 있다. 이는 상대를 사랑하는 것과 별개로, 자기가 느끼는 만족감과 행복을 사랑으로 착각하는 경우이다. 의외로 이런 착각에 빠지기가 쉽다. 왜냐하면, 사랑 자체도 내 안에서 차오르는 행복한 마음이기 때문에, 상대라는 존재만으로 행복해지는 것과 상대가 가진 여러 가지 배경이나 영향력 같은 것들로 인한 간접적인 행복을 구별하기가 쉽지 않다. 그래서 이런 경우는 다른 더 큰 영향을 끼치는 상대를 만나거나, 상대가 내게 줄 수 있는 것들이 적어지거나 사라졌을 때 사랑이라는 포장지도 함께 태워 버리게 된다.

다시 1)의 상황으로 돌아가자. 여기서 본격적인 연애의 어려운 점들이 많이 나타난다. 관계를 유지하기 위한 고통. 둘은 서로 사랑하지만, 아담과 이브가 아닌 이상 세상에 단둘인 것이 아니다. 다른 사람들이 너무나 많고, 둘과 관련된 수많은 사람이 존재한다. 각자의 환경과 엮인 환경들이 가족, 친구, 직장 등의 형태로 나타난다.

중학교 때 배운 벤다이어그램을 활용해보자. 당신이라는 하나의 집합과, 사랑하는 상대라는 또 하나의 집합이 만났다. 상대는 나와의 교집합이 너무나 잘 맞아서 함께할 수 있다. 하지만 분명 교집합을 제외한 상대만의 집합이 있다. 그런데 심지어 그것까지 내 마음에 든다고 하자. 최선의 상황이다.

결국, 나는 상대와 합집합이 되고자 한다. 나의 모든 것과 상대의 모든 것이 공유되고 같아지며 공통되기를 바란다. 하지만 분명 둘의 교집합을 제외한 다른 영역들이 존재했고, 그 부분은 결코 쉽게 적응하기가 어렵다. 내가 원래 갖지 않은 영역을 흡수하려 하고, 나의 영역을 상대에게 전이 하고자 하니 마찰이 없을 수가 없다. 끊임없이 서로에게 이해를 바라고 배려를 갈구한다. 나를 사랑한다면 나의 모든 것을 받아들여 달라는 마음을 갖는다. 상대의 그런 마음을 기어코 받아들이고자 맹세를 하지만, 서로의 맞지 않은 부분들을 깎고 다듬고 닳아가면서 맞춰가는 노력이 대단하다. 하지만 그 과정은 피로도가 높은 행위였고, 어쩔 수 없이 스트레스를 수반하며 만들어간 합집합이다. 손가락과 발가락을 깍지 껴두는 것만큼이나 기이한 접착이다. 서로의 가족 상황을, 친구 문화를, 직장 생활을 온전히 학습하고 이해하며 대응하는 완벽한 솔루션을 만들어내었다는 꿈같은 판타지가 당신의 로맨스라면 쌍수를 들고 칭찬한다. 그러나 서로 사랑하는 것만으로, 서로의 모든 것을 체화해낼 수는 없다.

그렇다면 상대를 이해하지 못하는 건 나의 잘못인가? 절대 아니다. 내 처지에서 상대를 이해하는 것과 상대의 관점에서 상대를 이해하는 것은 다르다. 상대의 관점에서 이해한다는 것은 나의 가치관에서 이해할 수 없는 것도 상대의 가치관을 전제하면 이해할 수 있다는 것을 포함한다. 하지만 그 가치관을 내가 받아들일 필요는 없다. 나의 가치관을 부정하면서 상대의 가치관을 받아들여야만 유지되는 관계는 비대칭적이고, 폭력적이다. 물론, 상대의 멋진 가치관을 학습하는 것은 훌륭한 일이다. 하지만 지금 여기서는 내가 받아들일 수 없는 부분임에도 불구하고 상대와의 관계를 유지하기 위해서 나의 입장을 포기하고 상대의 의견을 곧이곧대로 수용하는 것을 말한다. 말하자면 관계를 잃기 싫어서 나의 견해를 부정하는 행위이다.

나를 버리면서까지 상대를 수용하는 것이 당신의 사랑 방식이라면 어쩔 수 없겠지만, 그런 입장이라면 좋은 연애를 하고자 하는 마음을 가져서도 안 된다. 애초에 상대에 다 맞추겠다고 하면서 자신의 연애관을 이렇게 고민할 필요가 없으니 말이다. 당장 이 글은 덮고 아무나 가능성 큰 상대를 만나라. 그리고 그에 맞춰가며 연애를 지속하면 될 일이다.

앞서 말해오듯, 사랑과 연애의 괴리는 분명 존재한다. 사랑은 혼자서도 가능하지만, 연애는 상대의 호응이 필요하다. 그런데 이 말은 사랑이 없어도 연애할 수 있다는 말이 된다. 한쪽이 사랑하고 다른 한쪽은 호응하기만 해도, 혹은 둘 다 서로에게 호응하기만 해도 연애는 성립해버린다. 처음 밝혔듯 연애를 정의할 때 '사랑'을 전제하지 않았다. 연애를 관계의 이름으로 보기 때문이다. 개인이 외로워서 누군가를 갈구하거나, 그냥 연애 상태가 좋아서 항상 연애하고 있거나, 상대를 거절하기도 그렇고 나쁘지 않은 상대라서 만나고 있을 가능성이 크다. 그리고 그 모든 관계는 연애 상태다.

연애를 못 하고 있으면 왠지 나에게 하자가 있다는 느낌이 들어서 누군가를 만날 수도 있다. 나를 채우는 하나의 역할을 연인에게 부여하고 있는 셈이다.

사랑이 없는 연애가 성립하는 결정적인 이유는 연애에 대한 개인의 인식 탓이다. 연애를 못 하고 있으면 왠지 나에게 하자가 있다는 느낌이 들어서 누군가를 만날 수도 있다. 나를 채우는 하나의 역할을 연인에게 부여하고 있는 셈이다. 또한, 외로움을 해소하기 위해 연애가 가능한 상대를 만나고 있을 수 있다. 사실 외로움은 결핍으로 나타나는 불안인데 반드시 누군가를 만나는 것 만이 해결방법은 아니다. 더 큰 몰입의 대상을 찾거나 근본적으로 외롭다는 인식이 해소될 수도 있다.

여태껏 완전한 사랑을 기반으로 완벽한 연애가 불가능한 구조적인 상황들을 살펴보았다. 그래서 우리가 제아무리 잘났다 하더라도, 연애라는 관계 그 자체가 갖는 구조적 한계로 인해 우리는 연애가 버거운 연애 고자이다. 연애가 늘 힘들고 지칠 수밖에 없는 것이 우리의 한계가 아니라 연애가 갖는 한계인 것이다.

그래서 비록 힘든 연애지만, 기준이 될 수 있는 연애관을 가지고 자신의 연애를 잘 해볼 수 있으려 한다. 그러나 다음 장에서 우리가 제대로 연애관을 정립하지 못하는 이유를 짚어보고자 한다.

Chapter 4

꽃은
식물의 생식기다

살랑살랑 봄바람이 불어오면 괜스레 설렌다. 추위에 웅크렸던 몸이 느슨해지면서 마음이 풀리니 켜켜이 쌓아온 외로움이 폭발한다. 벚꽃이 만연해지면 사람들은 너도나도 벚꽃 구경을 간다. 벚꽃은 굉장히 독특한 식물이다. 싹이 나고 잎이 난 후에 꽃을 피우는 식물 대부분과 다르게, 잎보다 먼저 꽃을 피운다. 그래서 나무의 외관이 모두 분홍빛 꽃잎으로 가득하다. 그래서 사람들의 눈에는 아름답기만 한 꽃나무로 보이는 것이고 너도나도 좋다고 벚꽃을 붙잡고 사진을 찍는다.

그런데 꽃은 식물의 생식기다. 벚꽃은 앞서 말했듯 이파리 틈새에 피우는 꽃도 아니라, 오로지 꽃만 내세우고 있으니, 그야말로 노출증 환자와 다름없는 식물이다.

그런데 꽃은 식물의 생식기다. 벚꽃은 앞서 말했듯 이파리 틈새에 피우는 꽃도 아니라, 오로지 꽃만 내세우고 있으니, 그야말로 노출증 환자와 다름없는 식물이다. 번식과 생존을 위하여 좋은 향과 화려한 모습으로 꽃가루를 퍼트리고자 노력한다. 우리는 이런 식물의 진실은 신경도 안 쓰고, 그저 내 눈에 꽃이 이쁘니까 좋다고 만지고 귀에 꽂고 프로필 사진에 가득 채운다.

사람이 그렇다. 불편한 진실을 대면하고 인정하는 것보다는, 아름답고 낭만적인 면이 부각 되길 바란다. 누군가의 조언을 들으면 '나도 안다'고하면서 불쾌해하고 거부하고 싶어 한다. 알면서 고치지 않고 지적 듣는 건 더 나쁜 거다. 그런데도 우리는 '이성'적인 판단보다 '감정'적인 기분이 더 중요하다. 기왕이면 아름다운 모습을 보고 싶고, 어두운 면은 감춰두고 싶다. 사람들이 그런 걸 좋아하니, 진실을 알려주기보다 사람들이 좋아할 만한 모습만 부각한다.

지나온 사랑과 연애가 그랬을 것이다. 인간의 기억은 시간이라는 풍화를 거치며 내가 붙잡아 두고 싶은 아름다운 면만 남긴다. 혹은 나라는 필터를 거쳐 남겨진 것들의 재해석뿐이다. 그래서 연애는 기억에 의존한다. 심지어 사랑은 기억을 기어코 기만한다. 지난 연애는 내 입장의 소설이 되어 있고, 다음번 사랑은 지난 기억을 다시 지우고 새로 쓰면서까지 현재의 감정에 충실히 하고 있다.

인간의 기억은 시간이라는 풍화를 거치며 내가 붙잡아 두고 싶은 아름다운 면만 남긴다. 혹은 나라는 필터를 거쳐 남겨진 것들의 재해석뿐이다.

1장에서 말했듯, 지나온 사랑에 대해서 나름 멋진 결론을 만들어 둔다. 그러지 않고서야 추잡하고 찌질한 나를 인정해야 하기 때문이다. 사랑은 아름다운 것이라는, 연애는 멋진 일이라는 일정한 편견을 가지고 있으므로, 그것이 끝났음을 인정하기가 힘들다. 특히 오래 만난 사이에서는 여태 만나온 시간과 노력이 아까운 상황도 발생한다. 돌이킬 수 없는 기회비용이다. 오래된 연애에서, 더 사랑하지 않을 때도 멈출 수가 없다. 실패를 인정하기가 싫으므로, 막연한 미래의 가능성에 대해서 더 나아질 거라고 치부해두고, 지금의 상황을 받아들이지 못해 나의 연애가 끝났음을 인정하는 것은 지금까지의 내 노력과 시간을 자기부정 하는 것이기에 계속 사랑할 수 있다고, 우리의 연애는 지속하여야 한다고 결론을 지어버린다.

나아가 그런 선택을 한 사람들은 자기만 손해 보기 싫어서 자신의 잘못된 선택에 대하여 원래 사랑이나 연애가 그런 거라며 우기는 사람들이 있다. 그들은 자신의 삶을 부정할 수 없기에 다른 사람들에게도 자기처럼 선택하기를 강요한다. 그래서 연애상담을 해보면 '원래 다들 참고 사는 거야, 맞춰가는 거야'라는 식으로 근거 없는 '원래' 화법으로 당연시한다. 그 이야기를 듣는 사람도 이미 결론적으로 자신의 잘못을 인정하고 헤어지자니 아쉬워서 상대의 그런 현혹에 맞장구를 치게 된다. 안 맞는 것도 참아야 하고, 그저 오래 사귀는 것이 미덕이라는 근거 없는 주장을 믿는 것은, 기존에 자신만의 연애관이 부재하기에 발생하는 오류이다. 남들이 다 그런다고 하니 그게 정답이라는 식으로 자신의 고민은 없이 남들처럼 살아가는 무책임한 삶의 방식이다. 결국엔 그 선택을 남에게 책임을 돌리면서 동시에 '원래 다들 그런 거야'라고 하며 자신을 스스로 속이고 넘어갈 수 있는 무적논리를 끌어다 쓰는 어리석음이다.

남들이 다 그런다고 하니 그게 정답이라는 식으로 자신의 고민은 없이 남들처럼 살아가는 무책임한 삶의 방식이다. 결국엔 그 선택을 남에게 책임을 돌리면서 동시에 '원래 다들 그런 거야'라고 하며 자신을 스스로 속이고 넘어갈 수 있는 무적논리를 끌어다 쓰는 어리석음이다.

이런 이들은 대부분 남의 시선을 대단히 의식한다. 내가 만나야 할 상대의 조건이, 다른 사람들이 어떻게 생각할지에 있다. 객관식 보기처럼 몇 가지 조건을 내세우며 정답을 찾으려 한다. 나의 마음이 끌리는 것보다 남들이 말해주는 조건을 따져가며 내가 만날 상대를 고르고 있다. 이런 이는 자신의 연애관을 적극적으로 서술해내지 못한다. 누구나 할법한 조건들을 따지고 있을 뿐이지, 자신이 어떤 사람을 좋아하고, 왜 그 사람을 좋아할 수밖에 없는지를 모른다. 자기 자신에 대해서도 모르고 자기 자신의 사랑도 모르고 있다.

사실 빠져서는 안 되는 이야기가 '외모'이다. 분명 '외적 이상형'은 존재한다. 앞서 말했듯 본능적으로 끌리는 외형은 존재할 수밖에 없다. 빠르게 나의 최적 대상을 판단해야만 한다. 실제로 다양한 실험을 통해서 사람이 사람을 첫인상으로 판단하는 것은 대단히 큰 비중을 차지하고 있다는 것은 밝혀졌다. 외모와 연애의 관계는 대단히 큰 부분인 게, 앞서 말한 사랑에 빠지는 외적 이상형은 '순간'에 있다. 하지만 연애는 '지속성'에 있다. 외적 이상형이 모티베이션(동기)은 될 수 있지만, 외모가 반드시 모멘텀(지속 동력)이 되기는 힘들다.

흔히 말하는 콩깍지로 표현되는 부분인데, 몇 가지 이끌리는 지점을 통해서 그 사람에게 사랑에 빠지면 그 외에 파악되지 않은 부분에 대해서도 이미 긍정적으로 채워 버리고 있다. 그래야 나는 그 사람을 사랑할 수 있으니 말이다. 아름다운 한 면을 보고 그 대상의 모든 것이 아름다울 것이라고 여긴다. 그건 사실 내가 원하는 바를 상대에게 씌워버리고 진실이길 바라는 욕심일 뿐이다.

그래서 시간이 흐르고 상대를 계속 지켜보면서 내가 덧씌워버렸던 부분들을 눈치채고, 점차 콩깍지가 벗겨져 혼란을 겪는다. 상대가 전혀 달라지지 않아도 상대를 보던 내 생각이 달라지기 때문에 '외모'는 재해석되고야 만다. 처음엔 사랑하니까 키가 작아도 괜찮았는데 같이 지내다 보니 상대의 키가 작은 게 아쉽다고 느낄 수 있다. 그러면서 내 마음이 달라진 것에 회의를 느끼며 미안해진다. 그래서 애써 부정하며 그러지 않으려 노력을 하지만 이미 돌이킬 수 없이 느껴버린 것은 진실이다. 외모를 따지는 것이니 사랑이 변하는 것을 죄악시하는 지나친 도덕성 때문에 나는 나쁜 사람이 될 수 없으니 속마음을 인정할 수가 없다. 앞서 말했듯, 세상의 기준으로 내 연애관을 재단하고 있으니, 발생하는 고통이다.

꽃은 아름답다. 하지만 아름다운 그 이유는 생식이 목적이다. 하지만 우리는 그 이유는 알려고 하지 않는다. 그저 아름다운 외면만 부각한다. 내가 원하는 것만 취사선택할 뿐, 그리고 남들이 다 이쁘다고 하니까 나도 편승하기만 하면 나는 하자 없는 평범한 사람이 될 수 있다. 당신은 분명 본능적으로 끌리는 이상형이 존재하고, 나만의 연애 패턴을 은연중에 느낄 것이다. 하지만 내 연애관을 고민하기보다 대다수가 건강한 사회를 지향하며 세워둔 윤리적 연애관을 참고하면서, 남들이 공론화해둔 조건들을 따르고자 한다. 혼자 자신만의 연애관을 정립하기 위한 고난의 길을 걷기보다 그냥 남들이 닦아놓은 편안한 산책로를 따라 걷기를 선택하기 때문이다.

Chapter 5
자본주의
연애관

우리는 정신을 차려보니 이미 태어나 있었다. 선택할 수 없었던 내 가족과 외모, 환경에 대해서 불만을 느끼기도 하고 만족하기도 한다. 그와 동시에, 대체 무엇을 위해 살아가야 하는가는 주어져 있지 않았다. 그러다 보니 당장 눈앞의 목표를 던져주고 그 목표달성에 대한 달콤한 칭찬 한마디를 해줌으로써 삶을 이끌려 왔다. 착하게 살면 칭찬을 들었고, 성적이 좋으면 훌륭한 학생이라고 했다. 길을 벗어날 때도, 다른 어떤 목표가 있다고 말해야 했고, 그 목표를 달성하기 위해 노력하는 방식으로 살아왔다. 그래서 언제나 목표달성에 몰입한다. 길든 짧든 현재 나아가는 방향을 잃지 않기 위해서 최소한의 확실한 목적지를 두는 것이다.

그것이 사랑에도 적용되었다. 사랑에 빠진 상대와의 최종 목적지는 고백에 성공하여 연인이 되는 것이다. 그렇게 연인이 되고 나니 다시 비어버린 목표의 자리에 이번에는 그다음 단계를 설정한다. 감히 결혼이라고 말하진 못하지만, 아무튼 '헤어지지 않고 함께 잘 지내는 것'이라는 다소 추상적인 목표를 짐짓 설정하고 안심한다. 그리고 나이가 차 혼기가 되었다는 이유로 슬슬 결혼하려 한다. 연애의 종착역은 언제든 끝날 가능성이 있는 연애 상태보다 안정적인 결혼이 되어야 하는 것은 꽤 자연스럽다. 그리고 그 결혼에 골인하고 나면, 다시 그 안정적인 목표 설정으로 아이를 가진다. 그리고 그 아이의 육아에, 교육에 전념하는 것으로 자신의 삶 속 목표는 끊임없이 이어진다.

반드시는 아니다. 그러나 뚜렷하고 독창적인 삶의 방향성을 찾지 못했다면 보통은 따르기 마련인 모범답안이다. 일부분의 수정을 가하고, 자기만의 철학을 녹여낼지언정, 큰 틀을 전면 부정하는 삶은 쉽지가 않다. 그래서 그 속에 담긴 '연애'에 있어서도 은연중에 모든 점을 고려하고 있을 수밖에 없다.

혼자 살아가지 않는다면, 누군가와 살아가야 한다. 그렇다면 그 누군가와 함께 살아가려면 필요한 것들이 있다. 서로를 이해하고 배려하는 것을 강조하지만, 최소한의 삶을 유지하지 못한 채 사랑만으로 서로를 의지하고 있을 수가 없다. 돈이 없는 연인이 같이 앉아서 컵라면만 먹어도 행복하다고 말하는 때는 분명 있다. 당신이 아직 살아온 날보다 앞으로의 가능성이 훨씬 많은 젊은 친구라면 더욱 그렇다. 하지만 이제는 부모의 도움이나 금전적인 빚을 통해 살아온 나날에 대해 갚아야 하는 시기가 온 나이를 지나고 있다면 결코 낭만만으로 살아갈 수 없다. 영혼을 기댈 수 있는 상대만으로 내 삶이 온전할 수 있다고 하더라도 늙고 병들어갈 내 육신은 물질적인 안정의 필요성을 벗어나지 못한다. 세상은 끊임없이 물질적 여유를 개인에게 유혹하고 재화의 지급을 유도하고 있기 때문이다.

속세를 떠난 신분이 아니고서야 자본주의 사회 안에서 돈이 없이 살아갈 수 있다고 말하지 못한다. 나를 보존하고, 최소한 사회인의 자격을 유지하는 데 필요한 자금이 있다. 조금 더 행복하고 즐겁기 위해서 누려야 할 물질적 풍요를 위해서 욕심나는 자본도 있다. 사랑하는 두 사람이 각자가 각자의 삶에 지장이 없어서 개인의 결핍으로 인해 서로에게 피해를 주지 않는 선을 유지하기 위한 최소한의 소득이 필요하다. 그 균형과 안정감을 보장해야만 둘은 물질적인 이유로 발생하는 개인의 흔들림이 서로의 사이 관계에 악영향을 끼치지 않을 수 있다.

그러나 보통은 넉넉하지 못하거나 더 욕심이 날 수밖에 없고 둘의 관계에는 큰 지장이 없었다 하더라도 둘의 더 멋진 관계에는 금전적인 여유가 큰 역할을 한다. 오로지 서로에 대한 긍정적인 감정만으로 만났다 하더라도 두 사람이 만나면서 발생하는 비용과 연애를 지속하며 서로에게 부족해지는 감정을 다시금 채워줄 다양한 기회나 상황을 발생시키기 위한 부대비용은 필연적이다. 이따금 선물을 주고받고, 기념일을 챙기며 서로의 사랑을 확인시켜줘야만 한다.

세상의 거의 모든 것을 가치화시켜주는 재화에 익숙해진 우리가 정성껏 접어준 연인의 종이학을 1억과도 못 바꾼다고 말할 수가 없다. 1억이 지나치다면 설령 개당 천 원이라고 해도 연인을 잘 구슬려서 종이학을 더 접어와서 함께 부자가 되자고 제안하는 게 보통의 반응일 것이다. 사랑이 돈보다 못하다는 것이 아니라, 사랑은 하고 있으니 돈이 조금 더 많으면 좋겠다는 것은 지극히 당연한 심보이다. 우리는 사랑하고 있으니, 연인 관계로 설정되어 있으니 좀 더 함께 풍요롭고 행복하게 살아가자는 취지에서 물질적 충만을 바라는 것은 속물적 근성은 결코 아니다.

하지만 그 균형은 항상 완벽할 수 없고, 사랑을 전제로 물질을 바라던 마음은 가끔 흔들리기 시작하고 그 관계는 다양한 결말을 맞이한다. 반드시 나쁜 결말을 이야기하지 않는다. 다만 그런 연애의 반복 속에서 물질적, 혹은 환경적 조건을 완전히 배제하거나 무시하지 못한다는 학습효과를 얻게 되는 것이다. 그리고 그런 학습이 반복되면서, 사랑의 떨림은 무뎌지고 안정적인 조건이 주는 만족감에 더욱 감응하게 되는 것은 결코 부끄러울 일이 아니다. 단지 그들이 더는 순진하게 사랑만 하지는 못하게 된 병에 걸린 것처럼 감정보다 계산기가 앞서야 하는 불쌍한 처지에 놓였음을 인정해야만 한다.

사실 그런 물질적인 조건을 따지는 일종의 '자본주의적 연애관'에 있어, 연애관 그 자체의 문제보다는 연애관에 대한 태도의 문제가 크다. 연애관은 원래 다양하게 제각각의 개성대로 나타날 수가 있는데, 더욱 근본적인 문제는 자신의 이상형이나 연애관이 고정되어야 한다는 고정관념이다. 수동적이고 방어적인 태도로 자신의 연애관을 고착화하고 더욱 안정 지향적인 방식으로 흘러가게 한다는 점이 자신의 연애를 피폐하게 하는 것을 가속한다. 자신의 경험상 물질적 조건이 더 나은 사람을 만났을 때 안정감을 느끼며 연애가 잘 지속이 된다는 식의 사고방식을 갖춘 후로는 '더 물질적 조건이 좋아야만 연애도 더 잘 된다'는 식의 회로를 가동한다.

자신의 연애가 실패했을 때 그 원인을 물질적 조건의 부족으로 치부하며 더 좋은 조건을 찾아야 한다는 식으로 다음 목표를 설정하는 것이다. 하지만 연애를 그런 단 하나의 조건으로 공식화시킨 채 그것만이 해결해야 할 문제인 것처럼 고착화하는 것이 건강하지 못한 연애관의 근본적인 원인이다.

한 방향을 정답으로 설정한 채 더더욱 깊이 파고들어 외골수가 되고 만다. 자신의 연애가 실패했을 때 그 원인을 물질적 조건의 부족으로 치부하며 더 좋은 조건을 찾아야 한다는 식으로 다음 목표를 설정하는 것이다. 하지만 연애를 그런 단 하나의 조건으로 공식화시킨 채 그것만이 해결해야 할 문제인 것처럼 고착화하는 것이 건강하지 못한 연애관의 근본적인 원인이다.

모든 상황과 조건을 열어두고 다양한 경우의 수와 복합적인 과정을 하나하나 살펴보면 연애의 문제는 결코 단 하나의 변수로 귀결되지 못한다. 그러나 생각하고 고민하기보다는 빠르고 쉽게 답을 찾아내어야만 직성이 풀리는 인간의 한계상 손쉬운 해답을 하나 들고서 반복하고 반복하며 그것만이 유일한 원인이며 유일한 조건이길 바라고 바란다. 그래서 결국 그 끝은 타협일 수밖에 없다.

애초에 내가 원하는 나의 사회적 조건이 더 까다로워 진다 해도 내가 그것을 쉽게 성취해낼 수가 없다. 그래서 내가 발전하지 않은 채 더 큰 것을 얻어내기란 쉽지가 않다. 잘난 나에게 자연스럽게 다가오는 훌륭한 조건이라면야 더할 나위 없이 좋겠지만, 보통은 내가 당장 쏟을 수 있는 노력을 부족한 나의 발전에 투자하기보다 좋은 조건을 가진 상대를 찾아서 나의 부족을 채우는 데에만 사용하려 하고 있으므로, 설령 상대를 통해 나의 부족을 채우더라도 내 것이 아닌 것을 잠시 넣어둔 것일 뿐 실제 나의 빈 곳을 채운 것이 아니라서 빈곤한 나를 마주한 상대방이 점차 내게 실망하고 둘의 관계가 악화하며 나를 떠나는 일밖에 남지 않는다. 그래서 쉽고 빠르게 간단한 목표 설정이 가능한 '자본주의 연애관'을 가진 채 목표 중심적으로 달려가다 보면 결국에는 부족한 나를 끊임없이 발견하는데 이를 채우고자 하지도 않는다. 그래서 다음번에는 부족한 나에 맞춰 만나고자 하는 상대의 조건도 낮춰가는 방식으로 회유하고야 만다. 하지만 그렇게 만난 상대에게는 또다시 만족하지 못하는 심리적 불행이 가득해진다.

복잡하더라도 견고한 자신만의 연애관을 세우지 못하고 통용되는 쉬운 가치관을 빌려다 쓴다면 당신의 연애는 남들처럼 실패할 수밖에 없다. 그리고 그 실패의 해결이 더 좋은 조건의 사람을 만난다는 단순한 방식으로 흘러간다.

즉, 자본주의 연애관은 정량화시키기가 쉽고, 쉽게 통용할 수 있는 방식이기에 아주 흔한 기준이 된다. 그러나 이러한 연애관을 비판 없이 받아들인 이라면 이 연애관이 가진 단점을 가속화 하는 것도 필연적 결말이다. 복잡하더라도 견고한 자신만의 연애관을 세우지 못하고 통용되는 쉬운 가치관을 빌려다 쓴다면 당신의 연애는 남들처럼 실패할 수밖에 없다. 그리고 그 실패의 해결이 더 좋은 조건의 사람을 만난다는 단순한 방식으로 흘러간다. 근본적으로 이 연애관을 버리지 못한다면 삽질을 반복할 뿐이다.

너무 지나치게 암담한 상황을 이야기했지만, 이는 간단하게 해결할 수 있다. 내가 묘사한 상황은 끝까지 버리지 못한 개인의 물적 욕심에서 비롯된 악순환의 고리이다. 그렇기에 그 악순환을 끊는 것은 욕심을 버리는 것이다. 그러나 여태껏 일관되게 비관적이던 내가 갑자기 이런 손쉬운 해답을 제시는 이유는, 아마 당신이 결코 그러지 못할 것이라고 장담하고 있기 때문이다.

그렇다면 올바른 연애관은 무엇이냐 물을 것이다. 그러면 되묻게 된다. 모두가 다른 사람이고 그들이 누군가와 얽히어 만나서 하게 될 연애인데 그 아무 누구라도 무조건 만족할 단 하나의 정답이 존재할 수 있는가? 유일하게 말할 수 있는 것은 당신이 당신에 한정하여 당신만의 답안지를 만들 수는 있다는 것이다. 남의 답지를 베껴 쓰는 일을 그만두고, 자신이 만족할 답안지를 서술해 보는 것을 권하고 싶다. 물론 학창시절 내내 오지선다에 절여져 있고, 남이 쓴 글에 '좋아요' 버튼만 누르는 우리에게 매우 어려운 일일 것이다.

Epilogue
이번 생의
연애는

나는 이성애자인 남성이다. 그래서 나는 게이 커플을 매우 환영한다. 나의 경쟁자가 2명이 동시에 줄어들기 때문이다. 굉장히 이성적이고 이기적인 입장이다. 누구나 자신의 사랑은 나 자신의 행복을 위한 일이니 당연한 것으로 생각한다. 내가 행복 하고자 하는 사랑에서 남을 신경 쓸 겨를 따위가 없다. 오로지 내 행복을 위한 선택이 될 것이고, 그런 상대가 나와 함께 해주기를 바라며 관계를 지속하는 것이 연애라고 생각한다. 내 개인적 감정에 대한 영역인데, 남을 위해 희생하거나 타인을 의식하여 선택한다는 것은 나라는 존재를 뒷전으로 미루는 일이다. 나를 뒤로 미룬 사람이 대체 어떤 건강한 관계를 맺으며 유의미한 삶을 살 수 있을까. 오직 당신 자신만을 생각하며 살아가도 부족할 인생사를 공백으로 만들지 않기 바란다.

자유롭게 사랑하다가 비록 연애로 이어지지 않더라도, 혹은 천생연분인 것만 같던 연애가 실패하더라도 사실은 시간이 지나고 나면 정말 아무것도 아니다. 하지만 우리는 항시 현재만을 살아가고, 지나온 과거를 미화하기에 그 일들이 대단한 사건으로 기록되고 남겨지는 것이다. 그래서 어차피 실패하는 경험이나 부끄러운 과거도 기어코 잊거나 왜곡해서 살아가는 것이 인간의 망각이라는 방어기제가 갖는 장점이기 때문에, 원하는 대로 마음껏 사랑하고 연애해 보아도 괜찮다. 모든 일은 잊히고 잊힌 부분을 새롭게 메꾸어 내며 내게 유리하게 다시금 덧씌울 것이 분명하니까, 지금은 좀 망쳐도 별다른 지장이 없다. 비록 내가 연애를 하여 상대에게 크나큰 민폐를 끼치더라도 이는 상대에게도 많이 쓴 보약이 될 것이다. 그러니 두려워 말고 마음껏 사랑하고 연애하며 독이 되고 병을 주며 각자의 면역체계를 기르자.

비록 내가 연애를 하여 상대에게 크나큰 민폐를 끼치더라도 이는 상대에게도 많이 쓴 보약이 될 것이다. 그러니 두려워 말고 마음껏 사랑하고 연애하며 독이 되고 병을 주며 각자의 면역체계를 기르자.

사랑은 취미고 연애는 특기다. 우리는 언제나 당연히 사랑하고 싶다. 사랑이란 감정에서 느껴지는 그 행복은 다른 무엇과도 바꿀 수 없으므로, 언제든 가능할 때마다 반복적으로 하는 일이다. 반면 연애는 관계의 문제이고 사랑에 다른 수많은 것들이 부착된 복합적인 일이기 때문에 연애를 잘하는 것은 특별한 일이다. 못할 수도 있고 잘할 수도 있으니 특별한 기술이라고 볼 수 있다. 그래서 언제나 당신의 취미 생활을 응원할 뿐 특기를 반드시 갖추라고 강요하지 않겠다.

한 가지 희망적인 조언을 주겠다. 만약 궁극적으로 당신이 좋은 사람을 곁에 두고 싶다면 당신 스스로가 좋은 사람이 되어야 한다. 당신이 좋은 사람을 곁에 두고 싶어 하듯, 다른 사람들도 좋은 사람을 자신의 곁에 두고 싶어 한다. 그래서 당신이 좋은 사람이 되어 있으면 다른 사람들이 먼저 당신을 자기 곁에 두고 싶어 한다. 그래서 당신은 스스로 좋은 사람이 되면 자연스레 주변에 다른 사람들이 다가오고, 당신은 그중에서 가장 좋은 사람을 선택할 수가 있다 스스로 좋은 사람이 되면 좋은 사람을 내 곁에 둘 수 있다. 물론 좋은 사람이 되는 일은 매우 힘들고, 세상에 좋은 사람들도 희박하다. 그래서 나를 발전시키고 부지런히 많은 이들을 만나고 관계 맺어야만 한다. 그런데 이미 글러 먹은 것 같으니 그냥 다음 생에 하자.

마지막으로 이 글은 나의 생날 것의 생각들을 문자로 옮겨본 것이다. 매끄럽지 못한 문장과 다소 지나친 주장을 보며 불편을 느낄지도 모른다. 하지만 부디 함께 논쟁을 이끌며 각자가 더 나은 연애관을 구축해 나가고자 하는 의도를 알아주기 바란다. 부족하고 편협한 이 글에 대한 피드백을 통해 다음번에 조금 더 다듬어진 결과물이 나오기를 바라고 있으니, 내게 이 책에 대한 신랄한 비판을 해주는 분께 달콤한 시럽의 향기조차 전혀 들어가지 못하게 막은 뜨끈한 에스프레소 투 샷이 담긴 데미타세 한잔을 내밀어 주리라.

*참조 : 뇌피셜, 뇌내망상.

인터뷰

질문자 | 이태원댄싱머신

작 가 | mopo

작가님 안녕하세요 책 너무 잘 읽었습니다

감사합니다

책은 평소에 했던 생각을 적은 건가요

거의 그렇죠. 제 연애 경험뿐만 아니라 주위 사람들 연애도 간접적으로 체험하면서, 연애가 좋다고 하면서 대체 왜 이렇게 다들 괴로울까, 그런 고민을 했어요. 그러면서 원래 연애라는 게 이런 거야.. 라는 논조로 정리를 한 거죠.

이 글을 쓰고 난 후에도 같은 생각인가요

네. 원래 가지고 있던 생각을 정리한 게 이 책이기도 했고, 연애를 할 때도 이대로 행동하는 편이라 그런지, 아직 바뀌지 않은 것 같아요.

연애관은 원래 연애할 때마다, 어떤 사람을 만나느냐에 따라 달라지기도 할 텐데, 그게 변하지 않는다는 게 신기하네요. 확고한가요?

근데 모르겠어요. 이 글을 쓴 이후에 연애를 한 번밖에 안 하기도 했고요. 그거 가지고 앞으로도 절대 안 바뀔거야. 라는 말은 할 수 없을 것 같아요. 근데 아무튼 최근의 경험으로는 바뀌지 않았고, 어쩌면 그게 또 이별의 원인일 수도 있겠네요.

사랑과 연애를 구별하면서 글을 시작했어요. 그 괴리에 부정적인 입장은 아닌 거죠?

부정적으로 보는 건 아니에요. 그걸 구별해야 우리가 헷갈리지 않으니까요. 일방적으로 사랑하는 감정은 너무 큰데 연애로 이어지지 않는 경우, 힘들 수 있잖아요. 짝사랑이죠. 이 고통은 사랑과 연애를 구별하지 못해서 오는 측면이 있다고 생각해요. 이미 밝힌 것처럼, 사랑은 감정이고 연애는 관계인데, 마치 같은 카테고리인 것마냥 혼동해버리는 거죠.

사랑과 연애가 다르다는 이야기는 사실 종종 들었어요. 그런데 이런 이야기가 나오면 보통 비난이라는 목적이 있어요. 사랑 없는 관계에 대한 힐난이죠. 그런데 작가님의 구별은 그보다는 논리적 글쓰기에서 본격적인 주장을 하기 위한 준비과정으로 보였어요. 마치 논문이나 철학 에세이처럼요.

그래서 배운 분이시구나... 하는 인상을 받았어요. 역시나 수학을 전공하셨다고요.

네. 제가 이야기했던가요.

그래서 논리적인 느낌이 이해되었어요. 이거랑 저거는 나누고 저거는 이야기하지 않는다. A B C 를 나누고 앞으로는 C에 대해 이야기 한다. 사실 이런 건 에세이에서는

안 하죠.

한다면 철학 에세이겠죠. 저는 에리히 프롬 생각이 많이 났어요.

말씀하니까 생각이 나는데, 「사랑의 기술」에서도 사랑을 구별하잖아요. 그 영향도 받은 것 같아요.

주는 사랑, 받는 사랑, 아버지의 사랑, 어머니의 사랑, 신의 사랑. 이런 걸 다 나누고 설명한 후에야 비로소 자기 이야기를 하는 방식이었죠.

비판의 대상이 분명해 보였는데요. 연애관의 부재, 혹은 자본주의적 연애관. 이걸 비판하는 목적이라고 보면 될까요?

그런데 연애 조언하는 에세이를 보면, 무분별하게 쓰이기도 했지만, 사랑이라는 단어가 무기처럼 사용되더라고요. 연애의 일방적인 행동을 사랑하기 때문이라는 식으로 변명해버리는 걸 비판하고 싶었어요. 요즘 말로는 가스라이팅이라고 하잖아요.

네

내가 사랑하니까 이러는 거야. 이런 말로 일방통행적인 관계를 강요하는 게 싫었어요. 그래서 감정과 관계를 먼저 분리해야 제대로 된 논의를 할 수 있다고 생각한 거였어요.

건강한 연애관은 어떤 연애관이라고 생각하세요.

어떤 게 건강한 연애관인지 단정지을 수 있는 건 아닌데 개인적으로는, 서로가 서로를 각자로 존중하는 거라고 생각해요.

저는 약간 분리를 강조하는 편이었어요. 연애 성향을 보면, 독립적인 사람이 있고 의존적인 사람이 있는데 저는 독립적일수록 좋을 거라고 생각해요.

비판적으로 보자면, 상대방은 엄청 외로워할 수도 있겠네요.

네. 정확합니다. 실제로 그게 원인이었어요.

두 사람을 벤다이어그램으로 표현해보자면, 교집합이 있고 각자의 집합이 있는 건데, 각자의 집합까지 같아지려 한다면, 그게 연애가 힘들어지는 과정 같았어요.

그러면, 그럼에도 불구하고, 교집합을 합집합으로 만들려는 시도에도 불구하고, 그 힘든 연애를 했던거네요.

네. 어쨌든 좋아서 만나는 거니까요. 인간이 가질 수 있는 행복 호르몬.

욕심을 버리는 게 해답이지만, 그럴 수 없다고 하셨어요.

저는 원래 사람이 그런 존재라고 생각해요. 욕심을 아주 약간 내려놓을 수는 있지만, 본능적으로 욕심이 없을 수 없어요.

인류라는 큰 맥락에서 보더라도, 만약 욕심이 없는 유전자가 있었다면 분명 도태되었을 거예요. 이용당하거나 너무 퍼주게 될 수 있는데, 이건 생존에 유리하지 않거든요.

일종의 진화론적 해석이네요.

네. 욕심은 나쁜 의미가 아니에요. 누구나 자신의 욕심, 그러니까 성취하고자 하는 바가 있어야 발전적인 방향으로 간다고 생각해요. 안주하지 않고 무언가를 갈망하게 되는 게 본성이다... 라고

현재 살아남은 인류의 본성이네요.

글은 지금 더 확신에 찬 말투긴 하지만, 작가님 이야기를 이렇게 들어보면, 남은 다르게 생각할 수 있다는 걸 전제로 한다는 느낌이 들어요.

지금은 제가 이렇게 생각하고 있지만, 언제든 생각이 바뀔 수도 있다... 라는 전제를 가지고 있어요. 과학적인 사고의 흐름상 자연스러운 전제예요.

연애의 정답에 대해 확정을 짓지는 않는 태도. 어쩌면 이것도 수학적 태도라고 볼 수 있을까요. 일종의 반증가능성을 염두에 두고 있는 것 같아요.

맞아요. 정확합니다. 항상 반증가능성이 있다고 해야 하는 거죠. 대신에 지금으로서는 내 생각이 옳다고 끝까지 토의하고 이 가설이 뒤집어질 때까지는 밀어붙여 보는 거죠.

내가 불완전하다는 증명도 하나의 수학적 결과거든요. 이게 언제든 바뀔 수 있다는 것도 수학적인 결과고요.

내가 먼저 좋은 사람이 되면 좋은 사람을 만날 거라는 이야기도 했어요. 사실 많이 들어본 이야기잖아요.

이건 약간 허세처럼 뱉어놓은 명언이에요. 말씀하신 대로 많이 회자하는 말이죠.

그런데 내가 꼭 이렇게 하세요 저렇게 하세요, 와 같이 구체적으로 지시하지 않아도, 이렇게 던져놓으면 보는 사람이 알아서 의미를 부여할 거라고 생각했어요.

각자 자기가 생각하는 좋은 사람을 떠올릴 수 있겠네요.

자기가 생각하는 이상향을 그리고 실천하는 것 자체로도 이미 긍정적이라고 생각해요. 그래서 특정하지는 않았어요.

작가님이 생각하는 좋은 사람은 어떤 사람인가요.

저는 자기 자신에게는 엄격한 기준을 들이대고, 다른 사람한테는 관대한 사람이 좋은 사람으로 보일 거라고 생각해요.

작가님의 글은 굉장히 분석적이라고 생각하는데, 원래 이런 사고를 하시는 건가요?

저는 뭘 하나 하면 완벽하게 이해하고 싶고 알고 싶은 성향이 있거든요. 영화도 마찬가지인데, 저는 영화의 모든 장면에는 감독의 의도가 있다고 생각해요. 그래서 하나하나의 의미를 최대한 알아내고 그걸 정리해서 만든 게 제 영화리뷰였어요. 이 글도 비슷해요. 제가 생각할 수 있는 걸 일단 다 거론해놓고 내가 무엇을 하겠다고 해야지 빈틈없이 채워진다고 생각하는 거죠. 약간 집착해요.

작가님의 연애에 대해서 구체적으로 이야기해줄 수 있는 게 있나요.

제가 가지고 있는 문제점 중 하나가 기억력이 엄청 안 좋다는 거예요. 무조건 다 까먹는 것도 아니고 선별적으로 기억을 해요. 이런 거 있잖아요. 누군가 사소한 걸 기억해주면, 이런 걸 다 잊어먹지 않았네 하면서 감동을 받는데, 저는 대체적으로 기억을 못 해요. 그래서 상대를 섭섭하게 만든 경험도 많은데, 심지어 지금도 그게 뭐였는지 기억이 안나요. 그래서 지난 연애에서 구체적인 기억이 없는 거예요. 트리거가 있으면 떠오르는데 갑자기 물으면 하나도 기억이 안 나요.

저도 비슷한 기억이 있는데, 논리적인 흐름이 있는 것들 분석할만한 대상은 기억이 나는데...

인과관계가 있어서

맞아요. 인과관계라는 게 가장 정확한 표현 같아요. 인과관계가 빠진 것들, 어떤 상황, 어디에 갔고 뭘 느꼈고 이런 것들은 대부분 까먹어요. 어떻게 이렇게까지 기억을 못 하냐는 이야기를...

네. 저도 그런 이야기를 굉장히 많이 들었어요.

방금 이야기한 것도 그렇지만, 저는 작가님 글을 읽으면서 전반적으로 저와 비슷하다는 생각을 많이 했어요. 결론에는 동의할 수 없지만, 결론을 이끌어내는 과정이 매우 익숙했어요. 맞아. 이 이야기가 다음에는 이런 결론이 나와야지. 논리적으로 보면 이런 흐름이 되어야지. 그런 과정이요.

게다가 마지막 부분에서는 깜짝 놀랐어요. 성소수자 이야기는 제가 항상 하고 다니던 거였거든요. 게이 커플이 많아지면 경쟁자가 줄어든다. 저는 거기서 조금 더 나아갑니다. 경쟁자가 줄어듦과 동시에 내가 만날 수 있는 대상도 늘어난다.

데미타세(Demitasse)가 뭔지 몰라서 찾아봤어요. 에스프레소를 마시는 작은 잔이더라고요. 원래 커피를 좋아하시나요.

제가 커피를 스무살에 처음 시작했는데요. 시작을 했다고 하는 것도 좀 웃기긴 한데, 처음에는 약간 허세였죠. 커피문화 전반에 대해 이것저것 알아봤던 때가 있었거든요. 아는 척하려고 많이 알아봤죠. 지금은 그때처럼 지식적으로 접근하지는 않아요. 여전히 커피는 좋아해서, 맛있는 커피 마시려고 찾아가요. 좋아하는 로스팅 카페도 있고, 최근에는 에스프레소바도 많이 생겨가지고...

네. 제가 있는 서점 앞에도 에스프레소바가 생겼더라구요. 이탈리에는 에스프레소바에서 후루룩 마신다고 책에서 봤던 것 같은데, 아이스아메리카노만 마시는 한국에 에스프레소바라니. 너무 신기하더라고요. 맛있어서 자주 가고 있어요.

작가님이 서로 존중하는 관계라고 표현한 평등한 관계는 어찌보면 자본주의적 관계 같기도 해요. 제가 오해하는 것일 수도 있지만, 서로의 마음이 등가교환되는 관계라는 건 이해득실을 따진다고 볼 수 있지 않나요?

예를 들어서 한 명이 아프다. 그러면 다른 한 명은 상대방을 수발드는 연애를 하게 되는데, 당연히 수발드는 사람은 존중받지 못하는 셈이 됩니다. 개인 생활도 없어지고 다른 관계를 만드는 것도 포기합니다. 상호호혜적인 관계를 추구한다면 서로를 위해 바로 헤어져야 할 것 같아요. 저는 이런 관계도 사람을 성장시킨다고 생각하는데, 작가님의 생각은 어떠신가요.

말하신 예시를 보자면, 한명이 아프고 다른 한명이 수발을 들어야하는가? 하는 상황인 거네요.

존중하고 평등하다면, 그 상황에서 수발러의 포지션에 놓인 사람에게 '선택지'가 있고 그의 선택이 어떠하든 아픈 이도 이해해주는 상황이 제가 생각하는 관계입니다.

환자와 수발러의 상황에 처해지는 경우가 있습니다. 이에 대해 서로가 각자의 입장을 존중하자는 것이지요. 이 상황이 반드시 한 명은 피해를 보는 것이라고 생각하진 않습니다. 환자도 마음의 짐을 갖게되기도 하고, 수발러도 스스로 보람을 느끼거나 좋은 사람이 될 수 있는 상황이기도 합니다. 수발러가 자처하는데도 환자가 거부하는 상황들도 있고요.

즉, 서로의 관계에 관하여 각자의 선택을 상호존중하느냐가 포인트라고 봅니다.

그 선택들에 관한 답을 미리 정해둘 수가 없을 겁니다. 서로 그 답이 일치할 수도 있지만 전혀 반대의 답을 가지고 있을 수도 있을 테니까요.

작가명 mopo의 의미가 궁금해요.

큰 의미는 없습니다.

근데 그러면 재미가 없으니까, 제가 매번 그때그때 지어냈던 의미나 들었던 추측들이 있는데 그거라도 몇 개 나열하겠습니다.

1) Man
   Of
   POwer

2) 모 두
   포 기

3) Multipotentialite
   Of
   Professional
   Operation

어마어마한 인터뷰가 나올 거라고 기대한 건 아니었는데, 조금 걱정이 드네요. 책에 넣을 만한 대화를 하였나...

저도 묻는 대로 대답은 하지만, 뭔가 쓸만한 내용은 없는 것 같다... 그런 생각이...

추천의 말

수박와구와구

부끄럽지만, 올해 연애책을 하나 썼다. 부끄럽다고 한 이유는 연애를 안 하고 있기 때문이다. 어찌되었든 뻔뻔하게 썼다. 이리저리 부딪히고 어이없고 당황스럽지만 그래도 좋아, 행복해, 연애는 좋은 거야~ 라는 식의 달달한 연애 에세이다. 정반대의 에세이를 발견했다. 영화 리뷰를 주로 하는 mopo 작가의 글이다. 마침 mopo 작가도 솔로라고 한다. 연애하고 있는 사람은 연애에 대해 이러쿵저러쿵 떠들 시간이 없다.

mopo 작가의 책은 연애보다는 연애관을 다룬다. 사람들이 연애를 어떻게 생각하는지, 그리고 자신이 연애와 사랑에 대해 어떻게 생각하는지 이야기한다. 달달함이라곤 찾아볼 수 없다.

여기서 하는 말은 내 책과 정반대다. 사랑하니까 뭐든 괜찮아~ 가 아니라 이런 연애는 나빠, 저런 연애가 좋아~ 라며 분명한 주장을 하고 있다. 어려운 말로 하면 실존주의 연애관과 본질주의 연애관의 충돌이다. 연애에 옳고 그름이 어디 있어, 연애는 사고처럼 일어나는 거지~ 라는 태도는 실존주의 연애관이다. 반대로, 연애는 그 나름의 의미와 목적이 있어, 바람직한 연애가 있는 것처럼 지양해야 하는 연애도 존재해~ 라는 태도는 본질주의 연애관이다. 그냥 한번 나눠봤다. 이름을 붙이니 그럴 듯하다.

그래서 mopo 작가의 책을 읽는 건 두 연애관의 충돌이었다. 생각이 달랐음에도 불구하고 매료될 수 있었던 건 논리전개 방식 때문이다. 정답이 없기 때문에 누구나 나름의 개똥철학을 싸지를 수 있는 게 연애 담론이다. 중요한 건 그 주장을 어떻게 쌓아가느냐다. 내가 적당히 얼기설기 쌓고 억지주장도 그냥 우겨넣는다면, 그는 기초부터 차곡차곡 쌓는 편이다. 연애계의 데카르트, 연애계의 에리히 프롬이다. (뭐 대충 논리적이라는 뜻이다.) 연애의 정의, 연애와 사랑의 차이를 서술하며 시작된 글은 연애관으로 주제를 옮겨간다. 경험적으로 형성되는 연애관은 태생적 한계를 가진다. 사람들은 사회의 지배적 관념을 내재화하기 때문에 자연스럽게 자본주의적 연애관을 가지게 되는데, 이에 대한 저자의 비판은 신랄하다. 결국 자신만의 연애관을 세워야 한다는 결론에 이른다.

저자의 주장은 일견 타당하다. 하지만 연애관의 태생적 한계는 역설적으로 연애관의 부재를 정당화할 수 있다. 겨우 몇 번의 경험을 가지고 자신만의 연애를 빚어내는 건 불가능하다는 거다. 그래서 차라리 에필로그에서 언급한 면역체계 이야기에 더 공감이 간다. 서로가 서로에게 싸지른 똥은 이불킥만 생성하는 게 아니다. 장내 유익균처럼 면역체계를 길러준다. 장내에는 유해균과 유익균이 있는데, 유해균은 염증을 만들고, 유익균은 면역기능을 강화한다. 내가 쌌던 똥에도 유해균과 유익균이 섞여있을 거다.

때로는 손해 보는 연애, 불평등한 연애도 우리를 성장시킨다고 믿는다. 물론 내가 이런 생각을 하게 된 것도 최근이다. 연애관은 연애 대상을 따라다닌다. 내로남불* 하지 말라며 역정을 내던 개혁파 신인이

정권을 잡으면 불륜을 저지르듯, 연애관은 줏대가 없다. 차분한 사람을 만나면, 연애는 원래 약간의 거리를 두는 거라며 쿨 냄새를 풍기다가도, 열정적인 사람을 만나면, 한시도 떨어지고 싶지 않은 게 연애라고 재정의한다. 얼굴색 하나 변하지 않고 내뱉는다. 멋지고 아름다운 외모 앞에서는 가치관이고 나발이고 박살나 버린다. 부서진 연애관을 다시 맞춰보는 사이에 새로운 연애가 시작된다.

그게 연애의 위대함이고, 반대로 생각하면 인간의 나약함이다. 그래서 서로 존중하는 동등한 연애를 추구하는 저자의 의견에 동의하지 않는다. 나약한 인간은 멍청한 연애를 하면서 강해진다.

*내로남불 : '내가 하면 로맨스, 남이 하면 불륜.' 상황에 따라 말이 바뀌는 경우를 위트 있게 표현한 문장이다. 누군가는 오래전부터 사용되던 말이겠지만, 신한국당 박희태 의원이 사용하면서 유행어가 되었다. 박희태는 이후 골프장에서 캐디를 성추행하며, 위트 있게 변명한다. '딸 같아서 그랬다.' 이 문장은 이후 성추행범의 단골 멘트가 되었다.

좋아하는 철학자가 있다. 한병철이다. 니체도 멋있고, 쇼펜하우어도 멋지지만 국뽕*을 맞아서 그런지 역시 한국 철학자가 최고다. 그의 책 「에로스의 종말」은 동료 철학자 알랭 바디우의 서문으로 시작한다. 알랭 바디우는 서문에서 저자의 의견을 요약하고 비판한다. 독자의 입장에서 보면, 책에 대한 비판으로 책이 시작되는 거다. 그래도 나도 따라해봤다. 추천사에서 대놓고 책을 비판하기. 섣부른 따라하기는 위험하다.

*국뽕 : 국수주의와 히로뽕의 합성어. 우리나라와 관련된 거라면 이성을 내려놓고 과대평가하는 버릇을 가리킨다. 그런데 진짜 국뽕 아니고, 손흥민이랑 한병철이 최고다.

저자가 연애를 차분히 분석하는 걸 따라가다 보면, 독자도 어느 순간 닮게 된다. 자신의 연애를 복기해보고, 저자의 연애관을 곱씹어본다. 그 끝이 씁쓸할지 달콤할지는 독자에게 달렸다.

· 연애는 무엇이라고 생각하나요?

· 사랑은 무엇이라고 생각하나요?

· 연애와 사랑은 다르다고 생각하나요?

· 나만의 연애관이 있나요?

· 가난한 시절의 연애는 낭만적으로 기억되나요?

· 연애할 때 했던 가장 바보 같았던 짓은?

· 연애할 때 이것만큼은 꼭 지켜야 하는 게 있나요?

· 헤어진 연인은 나를 어떻게 기억할까요?